GAULE

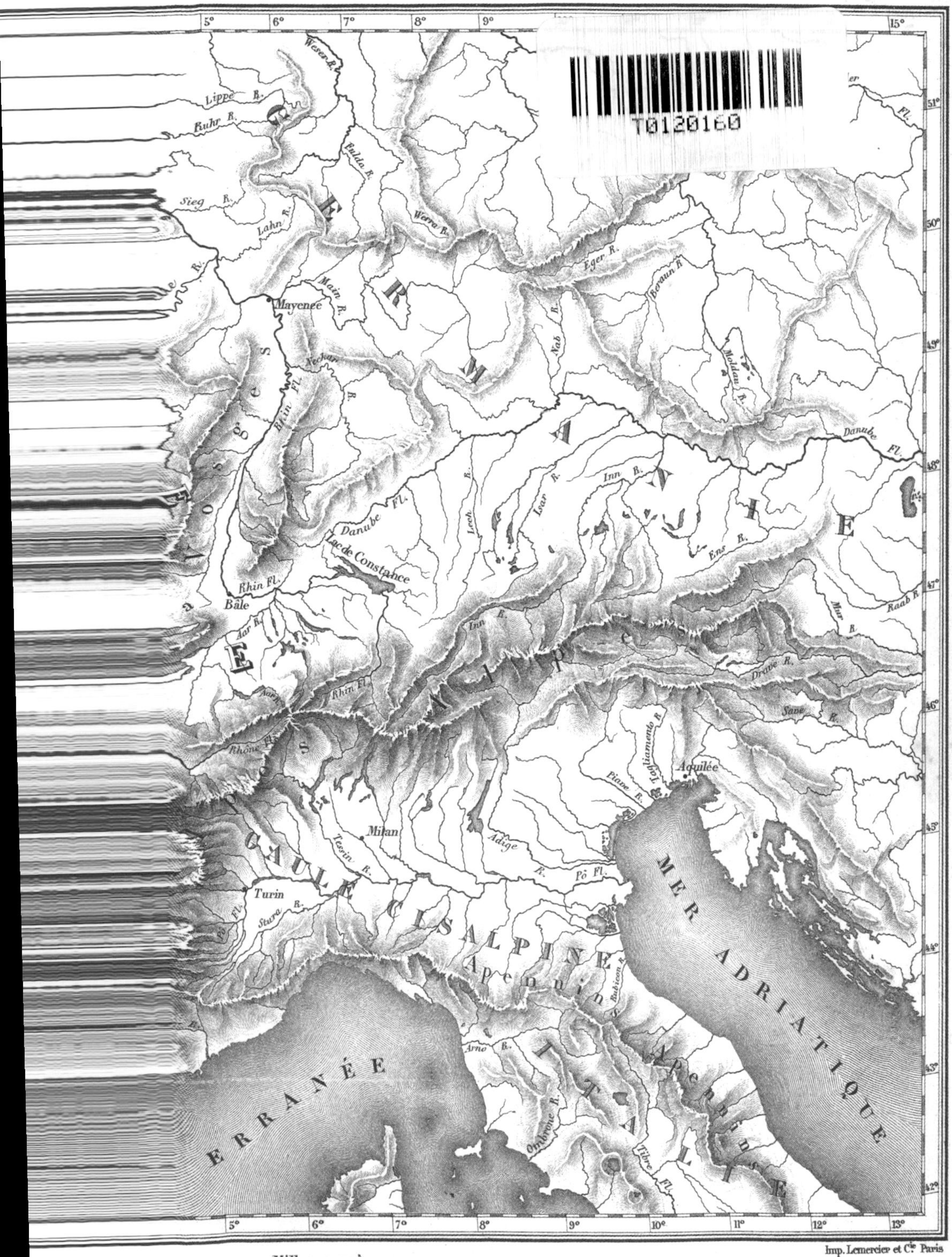

Imp. Lemercier et Cie Paris